9 सकारात्मक सूत्र

अपनी समूची क्षमता को कार्यरूप में ढालने के लिए इनको रोज़ाना दोहराइए

संतोष सचदेवा

अनुवाद
अचलेश चंद्र शर्मा

YogiImpressions®

YogiImpressions®

THE 9 POSITIVES
(in Hindi)
First published in India in 2015 by
Yogi Impressions Books Pvt. Ltd.
1711, Centre 1, World Trade Centre,
Cuffe Parade, Mumbai 400 005, India.
Website: www.yogiimpressions.com

First Edition, August 2015

Copyright © 2015 by Santosh Sachdeva

Graphics: www.designpinkindia.com

All rights reserved. This book may not be reproduced in whole or in part, or transmitted in any form, without written permission from the publisher, except by a reviewer who may quote brief passages in a review; nor may any part of this book be reproduced, stored in a retrieval system, or transmitted in any form or by any means electronic, mechanical, photocopying, recording, or other, without written permission from the publisher.

ISBN 978-93-82742-32-6

विषय सूची

प्रस्तावना 1

दृढ़-वचन 9

मैं सम्पूर्ण हूं 16

मैं परिपूर्ण हूं 24

मैं बलवान हूं 30

मैं शक्तिशाली हूं 36

मैं प्रेममय हूं 42

मैं समरस हूं 48

मैं संपन्न हूं 54

मैं युवा हूं 60

मैं सुखमय हूं 68

समापन 75

संदर्भ-ग्रंथ-सूची 81

प्रस्तावना

हम में से अधिकतर लोगों का यह अनुभव रहा है कि जब भी कभी हम प्रकृति के बीच में बैठ कर शांत भाव से चिंतन-मनन करते हैं तब हम प्रकृति के वैभव, उसकी भव्यता, उसकी विशालता से इतना सम्मोहित हो जाते हैं कि खुद को उसके साथ एकाकार होता हुआ महसूस करते हैं।

वह क्या है जो प्रकृति के साथ 'एकाकार हो जाने' की इस अनुभूति को उभारता है? ऐसा इसलिए होता है क्योंकि उस अवस्था में, इस देह के साथ जुड़ा हुआ हमारा 'अहम्' तिरोहित हो गया होता है और उस स्थिति में हमारी चेतना विस्तार ले लेती है, और हम इस असीम और विशाल सृष्टि का एक अंतरंग अंश होने की अनुभूति होने लगती हैं। जिसको यह अनुभूति हो जाती है वह बोध की एक विलक्षण अवस्था में पहुंच जाता है।

तब हमारे अपने अंतर्मन की गहराई से ये प्रश्न उठने लगते हैं:

मैं कौन हूं?
इस संसार के साथ मेरा संबंध क्या है?

जब-जब मेरे अंतर्मन में यह प्रश्न उठा है तब-तब मुझे ज्ञात हुआ है कि प्रकृति में सब कुछ – जैसे कि सूरज का उदय व अस्त होना, चंद्रमा का घटना व बढ़ना, ज्वार-भाटे का आना व जाना, ऋतुओं का बदलना – यह सब एक निश्चित व निर्धारित लयबद्ध गति से चलता हैं। इंसान को 'सजग' व 'सचेतन' रहने का वरदान प्राप्त है – इस मनःशक्ति के द्वारा ही तो जो हमें ज्ञात है उसे हम जान पाए हैं और जो ज्ञात नहीं है उसे हम जानने का प्रयास करते हैं।

यह चेतना ही हमें मनोवांछित बदलाव लाने और हमारे भाग्य को रूप-आकार देने के योग्य बनाती है। चूंकि प्रकृति में सब कुछ एक निश्चित लयबद्ध गति से चलता है और उसका एक निर्धारित प्रयोजन होता है, अतः इंसान को भी अपने जीवन में कभी न कभी इस बात की संभावना हो जाती है कि अपने वास्तविक प्रयोजन को पाने के लिए उसे अपने जीवन में प्रकृति की लय के साथ तालमेल बिठा लेना चाहिए।

क्या मनुष्य परिस्थितियों का दास है, या क्या वह स्वयं अपनी परिस्थितियों का रचयिता हो सकता है? जो लोग भाग्य में विश्वास रखते हैं वे तर्क दे सकते हैं कि सब कुछ पूर्व निर्धारित होता है और आदमी जो कुछ अपने नसीब में लिखवा कर लाया है उससे वह बच नहीं सकता। लेकिन आज के प्रबुद्ध लोगों का सोचना अलग है। उनका मानना है कि अपनी अवस्था और परिस्थितियों के चक्रव्यूह से बच निकलने का या उनमें सकारात्मक बदलाव लाने का कोई न कोई मार्ग तो होगा ही।

हालांकि अवस्थाएं और परिस्थितियां तो अपने ही मनमाने ढंग से पैदा होती रहेंगी और कुछ भी और कोई भी उन्हें होने से रोक नहीं सकता है – लेकिन हम इतना तो कर ही सकते हैं कि उनके प्रति हम अपना नज़रिया बदल लें।

जब आपको अप्रिय अवस्थाओं और परिस्थितियों के चक्रव्यूह से निकलने और उनसे निपटने की कला आ जाती है तब आप उस जीवन को साकार करने की ओर चल सकते हैं जिसकी आप आकांक्षा कर रहे होते हैं।

प्रबुद्ध लोग कहते हैं कि अपने जीवन में जो कुछ आप आकांक्षा कर रहे हैं उसका सर्जन करने व उसे साकार करने की तीन अवस्थाएं होती हैं:

सर्वप्रथम, आप सोचते है।
फिर, आप उसे महसूस करते हैं।
और फिर, आप जो करना है वह करते हैं।

इसका अर्थ यह हुआ कि एक विधान है जो कि उस सब का परिणाम निर्धारित करता है जिसकी आप आकांक्षा कर रहे होते हैं। सोचने में 'तार्किकता' तथा 'कल्पना' दोनो ही शामिल रहते हैं। तार्किकता 'सुनिश्चितता' को तय करती है और कल्पना उसे ऐसी रचनात्मक क्षमता प्रदान करती है जो कि तार्किकता को कदम उठाने में उसका मार्गदर्शन करती है।

आपको यह जानना व सीखना होगा कि रचनात्मक क्षमता को कैसे संचालित किया जाए क्योंकि यदि आप उसे संचालित नहीं करेंगे तो वह आपको संचालित करने लगेगी।

कल्पना, या रचनात्मक शक्ति, वही करेगी जो करने के लिए आप उसे कहेंगे। यदि आप स्वयं को उससे संचालित होने देंगे तो वह यह काम उस संस्कृति की परम्परा तथा विश्वास-पद्धति के अनुसार करेगी जिससे आप संबंधित हैं।

'द पॉवर ऑफ़ यौर सबकॉन्श्यस माइंड' नामक अपनी पुस्तक में डा. जोसेफ़ मर्फ़ी इस बारे में स्पष्ट रूप से बताते हैं कि अपने मन को कैसे संचालित किया जाए, कैसे निर्देशित किया जाए:

1. जैसा आप चाहते हैं कि लोग आपके बारे में सोचें, ठीक वैसा ही आप उनके बारे में सोचिए।
2. जैसा आप चाहते हैं कि लोग आपके बारे में महसूस करें, ठीक वैसा ही आप उनके बारे में महसूस कीजिए।
3. जैसा आप चाहते हैं कि लोग आपके साथ व्यवहार करें, ठीक वैसा ही व्यवहार आप उनके साथ कीजिए।

मानव चेतना समय के साथ-साथ विकसित होती आई है और इसलिए इसे उन परिस्थितियों के साथ बदलने व तालमेल बैठाने की आवश्यकता पड़ती है जो उसके सामने आया करती हैं। जो विश्वास-पद्धति जो कि कभी अतीत में असरदार रही हो उसका आज के माहौल में कोई महत्व नहीं रह जाता।

इसलिए, आप जो कुछ भी कल्पना करें उसे अपनी तार्किकता की कसौटी पर अवश्य परख लें। जो आप चाह रहे हैं उसे पाने के गहरे व दृढ़ विश्वास का उस 'मानसिक' अवस्था में से गुज़रना आवश्यक है जहां कि आपकी तार्किकता उस पर

अपने समर्थन व अनुमोदन की मुहर लगा दे, और फिर वह उसे 'अनुभूत' करने की अवस्था की ओर बढ़ चले ताकि आप उसके परिणाम की निश्चितता को न केवल महसूस कर सकें बल्कि आप यह जान भी सकें कि वह परिणाम होना निश्चित है। ऐसा करने से आपको किसी भय या हताशा के समक्ष घुटने टेके बिना ही हर अवस्था का अधिक कुशलतापूर्वक तथा बुद्धिमत्तापूर्वक सामना करने में सहायता मिलेगी।

इस प्रकार, आप अपने दैनिक जीवन में सामने आने वाली हर अवस्था या परिस्थिति का सामना करने के लिए अच्छी तरह तैयार रहेंगे। यदि अपने व्यक्तिगत जीवन में आप सही समझ-बूझ, दृढ़ निश्चयता, निर्णायकता और धैर्य के साथ पेश आने की क्षमता रखते हैं तो जीवन की कोई भी परिस्थिति आप पर हावी नहीं हो सकती। इस सिद्धांत पर चल कर स्वयं अपने जीवन की बागडोर अपने हाथ में ले लेने से आप परिस्थितियों के गुलाम होने से बचे रहते हैं।

दलाई लामा ने अपनी पुस्तक *वॉयसेज़ फ्रॉम द हार्ट* में एक प्रश्न पूछा है और उसका जवाब भी दिया है:

'जीवन का उद्देश्य क्या है?'

'जीवन का उद्देश्य है सुखमय रहना, आनंदमय रहना।'

लेकिन, ऐसा अनायास तो नहीं हो सकता। मन की इस आनंदमय अवस्था को प्राप्त करने के लिए हमें चाहिए कि हम अपने मन की लगाम अपने हाथ में रखें, न कि हमारी लगाम मन के हाथों में रहे। इसका मतलब यह है कि हमें

प्रस्तावना

अपने मन को चैतन्य रखते हुए सकारात्मक निर्देश देने होंगे। मेरे पथ-प्रदर्शक न्यायमूर्ति एम. एल. दुधात बारंबार इस बात पर बल देते रहे हैं कि 'हर विचार का एक स्वरूप होता है, और स्वयं को वास्तविकता में बदलने की सामर्थ्य व संभावना उसमें रहती है।'

इसी तरह आपने देखा होगा कि घर में आपके माता-पिता और दादा-दादी व नाना-नानी आपके द्वारा बोले जाने वाले शब्दों पर लगातार निगरानी रखते थे। भारत के हर संस्कारवान घर में जब भी बालक कोई नकारात्मक शब्द बोल देता है तो वे तुरंत उसे टोक देते हैं और कहते हैं, *'शुभ-शुभ बोलो'*। यह प्रज्ञा यहां सदियों से सदा चलती आई है; लेकिन इसे हम केवल तभी स्वीकार व अंगीकार कर पाते हैं जब हम इसके लिए तैयार रहते हैं, उद्यत रहते हैं।

इस पुस्तक में '9 सकारात्मक सूत्र' बताए गए हैं जो कि प्राचीन तिब्बती प्रज्ञान से लिए गए हैं और जो आपको खुद को गहराई से समझने की ओर तथा उस सर्वव्यापी चेतना के साथ आपके संबंध की ओर ले जाने वाले हैं जिसके कि आप एक अंश हैं।

दृढ़-वचन

'दृढ़-वचन (एफ़रमेशन)' का अर्थ क्या है?

आप जो कुछ भी बोलते या सोचते हैं उसे दृढ़-वचन कहा जाता है। आपके दैनिक जीवन में, नकारात्मक विचार अक्सर सकारात्मक विचारों पर हावी हो जाते हैं। आप जो अधिकतर बोलते हैं या सोचते हैं उसका एक बड़ा भाग 'जीवन-नकारात्मक' ही होता है, और वह आपके अंदर कोई सुखद एहसास पैदा नहीं करता।

अपने मन की विचारधारा द्वारा बनाए हुए संतुलन या असंतुलन के आधार पर ही आप अपना यथार्थ रचा करते हैं। आप अपने विचारों के ही परिणाम हैं। आपको बस इतना ही करना होता है कि आप 'सोचें' कि आपको कैसा बनना है, और आप वैसा ही बन सकते है। अपने प्रत्येक शब्द और विचार के साथ आप अपने जीवन के अनुभव को *एफ़र्म* कर रहे होते हैं, उसे रच रहे होते हैं। आपको यह बात समझ लेनी होगी कि हर शिकायत एक दृढ़-वचन ही है – आपके अंदर अनवरत चलता रहने वाला

संवाद दृढ़-वचनों का एक प्रवाह ही तो होता है। दृढ़-वचनों और वक्तव्यों का दोहराया जाते रहना – वे चाहे नकारात्मक हों या सकारात्मक – आपके भविष्य को रूप-आकार देने के लिए 'सामूहिक चेतना' (कलेक्टिव कॉन्श्यसनैस) में संग्रहित होता चला जाता है। यह बात जब आप समझ लेते हैं तब आप अपनी विश्वास पद्धति को बदल कर अपनी काया और अपनी परिस्थितियों को रूप-आकार दे सकते हैं। यह आपको आत्म-प्रेरणा और आत्मशक्ति से संपन्न होने में भी सहायक रहता है। विचार व समझ की ऐसी स्पष्टता हो जाने पर, आप चैतन्य रूप से रूपांतरण की प्रक्रिया में से गुज़रने लगते हैं।

आपकी समर्थता को कार्य रूप में लाने में मदद करने के लिए प्राचीन तिब्बती लामाओं ने आपके लिए '9 सकारात्मक सूत्र' बताए हैं। इनका उद्देश्य चेतना के गुणधर्म को आपके अंदर उतारना है ताकि आप उन्हें अपने दिन-प्रतिदिन के जीवन के आचरण में उतार सकें। यह तभी संभव होता है जब किसी शिशु की तरह अचरज और समर्पण भाव से आप इन दृढ़-वचनों को अपने जीवन का अभिन्न भाग बना कर, इन्हें अपना जीवन-मंत्र बना लेते हैं। समय के साथ-साथ, इन दृढ़-वचन का गहन अर्थ आपकी सचेतनता में शामिल होता जायेगा और आपके जीवन के प्रयोजन को साकार स्वरूप देने की ओर बढ़ चलेगा।

इन '9 सकारात्मक सूत्रों' का अर्थ समझने के लिए आपको पहले मन-मस्तिष्क की कार्य प्रणाली को समझना होगा। आपके और परमपूर्ण चेतना – यानी उस सर्वज्ञ, सर्व शक्तिमान, व सर्वव्यापी – के बीच सबसे बड़ी बाधा यह मन ही तो है।

आपके दिन-प्रतिदिन के जीवन में आपका मन एक ऐसी अवस्था में रहता है जैसे वह अपने मूल स्थान से हट गया हो, अपने ठौर-ठिकाने से इधर-उधर हो गया हो। यह एक ऐसी दोलायमान अवस्था होती है जिसमें मन भूत व भविष्य के बीच डोलता रहता है। मन का दूसरा आयाम होता है इसका 'बहिर्मुखी स्वरूप' जो कि उस परमपूर्ण स्वरूप की सर्जनशील प्रज्ञा और आपकी आंतरिक सर्जनशील प्रज्ञा के बीच एक बाधा खड़ी कर देता है। इंद्रियों के पीछे लगे रहना मन का स्वभाव है, उसकी प्रवृत्ति है और इसी कारण से आपकी सोच अक्सर बहक जाया करती है।

उदाहरण के लिए, अपनी सुबह की सैर के दौरान अगर आप की नज़र अपने क्षेत्र के एक संभ्रान्त व्यक्ति पर पड़ती है जो कि एक युवा लड़की के कंधों पर अपनी बाहें डाल का चल रहा होता है तो आपका मन उसकी नीयत और चरित्र को लेकर तुरंत एक निष्कर्ष पर पहुंच जाता है – और वह भी संभवतः एक ग़लत निष्कर्ष पर। ऐसा इसलिए होता है क्योंकि आपका मन पांच इन्द्रियों (यानी देखने, सुनने, सूंघने, स्पर्श करने और चखने वाली इन्द्रियों) द्वारा पहले से ही बना ली गईं धारणाओं का एक पुलिंदा है और जब यह मन आपके शरीर के साथ तादात्म्य स्थापित कर लेता है, तब यह अहंकेंद्रित देहाभिमान इस हद तक हो जाता है कि आपको लगने लगता है कि यह शरीर ही 'मैं' हूं।

रोज़ाना अपनी दिनचर्या शुरू करने से पहले और रात को सोने से पहले दृढ़-वचन को दोहराए जाने से वे एक मंत्र की तरह हो जाते हैं, और कालांतर में वे आपके अंदर रच-बस जाते हैं, और आवश्यकता आने पर वे स्वयं उभर कर सामने आ जाते हैं।

जब आप एकांत में बैठ कर चिंतन-मनन कर रहे होते हैं तब इस बोध का आपको एहसास हो जाता है कि ये '9 सकारात्मक सूत्र' स्वयं को उसी क्रम में दोहरा रहे होते हैं जिस क्रम में कि उनकी पुष्टि की गई थी, और कालांतर में, यदि आप निष्ठापूर्वक उनका अभ्यास बनाए रखते हैं तो वे अपने गहन व गूढ़ अर्थ के साथ खुलने और खिलने लगते हैं।

9 सकारात्मक सूत्र

1
"मैं सम्पूर्ण हूं"

2
"मैं परिपूर्ण हूं"

3
"मैं बलवान हूं"

4
"मैं शक्तिशाली हूं"

5
"मैं प्रेममय हूं"

6
"मैं समरस हूं"

7
"मैं संपन्न हूं"

8
"मैं युवा हूं"

9
"मैं सुखमय हूं"

पहला सकारात्मक सूत्र

"मैं सम्पूर्ण हूं"

पहला सकारात्मक सूत्र

"मैं सम्पूर्ण हूं"

जब भी आप अपनी देह के साथ 'मैं' के रूप में तादात्म्य कर लेते हैं – तब आप स्वयं को दूसरों से अलग कर लेते हैं। और, जब ऐसा हो जाता है तब आप एक समग्रता के रूप में (as a Whole) हर परिस्थिति को ग्रहण नहीं कर पाते हैं।

वास्तव में, आप पूरे का – इस सम्पूर्ण, समग्र, सकल, समूचे, अखिल, अखंड, अभिन्न, अविभक्त व एकरूप ब्रह्मांड का एक हिस्सा हैं, एक पुर्ज़ा हैं। समूची सृष्टि के बीच एक एकसूत्रता विद्यमान रहती है। इस संसार में आप अन्य जड़ व चेतन प्रजातियों के साथ पारस्परिक आदान-प्रदान की प्रक्रिया में जिया करते हैं, और इस प्रकार उस पूर्णता के कार्यकलापों में आप सामंजस्यता बनाए रखते हैं, तालमेल बनाए रखते हैं। लेकिन, जब आप स्वयं को इससे अलग मान बैठते हैं, तभी विघटन पैदा हो जाता है, विभक्तता आ जाती है, एक अलगाव आ जाता है और फिर कार्य-कारण वाला सिलसिला चल पड़ता है।

यह ब्रह्मांड सदा ही पूर्णता या 'चेतना' के विधान से संचालित होता है। सम्पूर्ण और एकरूप सृष्टि के रूप में उसके ही अंदर विद्यमान एक पूर्वनिर्धारित पारस्परिकता उसे एक निश्चित लय-ताल की ओर आगे बढ़ाती चलती है। इस समझ के साथ जब आप यह कहते हैं कि 'मैं सम्पूर्ण हूं', तो इसका अर्थ यह होता है कि आप उस सम्पूर्ण के साथ सामंजस्य में हैं, तालमेल में हैं। जब आप ऐसी सामंजस्यता में पहुंच जाते हैं तब आपके जीवन की हर बात में भी सामंजस्यता आ जाती है।

भले ही आप वास्तव में अव्यवस्थित रहते हों, बेतरतीब रहते हों, लेकिन जब आप इस कथन को अपना लेते हैं कि 'मैं सम्पूर्ण हूं' तब आप जो कुछ भी कर रहे होते हैं वह सम्पूर्णता का बीजारोपण करना हो जाता है। जब-जब आप इस बात को दोहराते हैं, तब-तब आप उस बीज को पुष्टि प्रदान कर रहे होते हैं जो आपने अपने मन में बो दिया है। लेकिन, यह आवश्यक है कि आप इस स्वीकारोक्ति को वर्तमान काल के रूप में ही बोला करें।

मन को एक सुशांत अवस्था में रखकर इस 'सम्पूर्ण' शब्द पर तनिक चिंतन-मनन कीजिए। आपके मन में शायद एक गोल-गोल प्रकार का एहसास या छवि उभर कर आए। अब, अपने मन-मस्तिष्क से बाहर की ओर सोचें तो आपको उस गोलाई के फैलने का आभास होगा। अब इस गोलाई और सम्पूर्णता को महसूस करने की कोशिश कीजिए। इसमें अपने आपको खो जाने दीजिए और चूंकि तब विचार छूट गया होता है इसलिए तब आप स्वयं को पूर्णानंद वाली सम्पूर्णता की व्यापक अवस्था में पाते हैं।

देहाभिमान, अव्यवस्थित और बेलगाम सोच तथा मन को बहिर्गामी कर दिए जाने के कारण, आप सम्पूर्ण होने की अनुभूति खो बैठते हैं। आप चाहे किसी भी धर्म या पंथ के हों लेकिन अपने दिन-प्रतिदिन के जीवन में जब आप उस अवस्था को पहुंच जाते हैं जहां आप अपने भीतर की सजगता (साक्षी भाव) को छू सकते हों, तब आप सम्पूर्णता के उस भाव को अनुभव कर सकते हैं।

सकल सम्पूर्णता आपके भीतर ही है। यदि आप अपने विचार को उस सम्पूर्णता के माध्यम से आगे बढ़ायेंगे तो उसके परिणाम आपको निश्चित रूप से मिलेंगे। जब कुछ करने में आप सशंकित रहते हैं तब अपने व्यवहार को ज़रा ग़ौर से देखिए – देखिए कि तब आप किस तरह काम करते हैं, किस तरह बोलते हैं, और उस समय अपने आत्म-विश्वास के स्तर को भी देखिए। जिस तरह से आप बात करते हैं उससे बहुत अंतर पड़ता है। एक सफल व्यक्ति इस तरह से बात करता है कि वह दूसरों को अपनी बात से सहमत करा सकता है। जब कि, असफल इसे अपने आचार-व्यवहार में नहीं ला सकता, भले ही उसके पास जानकारी अधिक हो, ज्ञान अधिक हो; फिर भी वह दूसरों को सहमत नहीं कर पाता है। आत्म-विश्वास बहुत ही आवश्यक है और जिस सर्वोत्तम शब्दावली में इसे परिभाषित किया जा सकता है वह है – 'मैं सम्पूर्ण हूं'।

अगर आप 'सम्पूर्ण' हैं तो वह ब्रह्मांड जिसके कि आप एक हिस्सा है। वह भी सम्पूर्ण है। वास्तव में, आप इस ब्रह्मांड के केंद्र हैं। जब आप नहीं होते हैं तो यह ब्रह्मांड ताश के पत्तों से बने घर की तरह ध्वस्त कर तिरोहित हो जाता है।

यह ब्रह्मांड है ही इस लिए क्योंकि आप हैं। तो फिर किसी भय का, किसी शंका-आशंका का स्थान ही कहां रह जाता है? किसी भी कार्य के न हो पाने का फिर प्रश्न ही कहां रह जाता है?

'मैं सम्पूर्ण हूं'। इसे थोड़ा विस्तार से यूं कहा जा सकता है – 'न तो आपमें कोई कमी और न ही आप में कुछ बढ़ाया या जोड़ा जा सकता है।' कोई चीज़ अगर सम्पूर्ण है – समग्र, सकल, समूची, अखिल, अखंड, अभिन्न, अविभक्त है, परिपूर्ण है, तब उसमें किसी अभाव का सवाल ही नहीं उठता।

जब आप कहते हैं कि 'मैं सम्पूर्ण हूं' तो इसका अर्थ होता है कि आप वास्तव में यह कह रहे होते हैं कि आपने अपने जीवन को सर्वथा परिपूर्णता से जिया है। इसका अर्थ यह नहीं होता है कि उस व्यक्ति ने अपना जीवन आमोद-प्रमोद व मौज-मस्ती में गुज़ारा है। अपितु, इसका अर्थ यह होता है कि वह हर ऐसे अनुभव से गुज़रा है जो कि जीवन ने उसे दिए हैं – भले ही वह विषयसुख हो, पीड़ा व दुख हो, या हर्ष, ईर्ष्या इत्यादि हो। उसने यह सब अनुभव कर लिया होता है और अब वह महसूस कर रहा होता है कि उसने एक भरपूर जीवन जिया है – अच्छा भी और बे-अच्छा भी। उसे अब मुकम्मल होने का, परिपूर्ण या 'सम्पूर्ण' होने का एहसास होता है – जैसे सीखने के लिए और कोई पाठ बाकी न बचा हो; और उस नज़रिए से वह अब अपने चहुं ओर के जीवन को देखता है – एक नई सजगता के साथ, एक साक्षी भाव के साथ – जिसमें कि वह किसी भी चीज़ को न तो नकार रहा होता है, न स्वीकार कर रहा होता है बल्कि उस सब को परम चेतना की लीला के रूप में समझ रहा होता है।

जब आप इस दृढ़-वचन को बोलें कि 'मैं सम्पूर्ण हूं', तब उसे एक 'प्रबल भाव' से बोलें क्योंकि तभी तो उसका प्रभाव होगा। समय के साथ जब आप इस दृढ़-वचन को दोहराते जायेंगे और जब यह आपके अवचेतन मन में पैठता जायेगा, तब आप देखेंगे कि इसने आपकी शारीरिक भाव-भंगिमाओं में भी साफ़-साफ़ अंतर ला दिया है – अर्थात किस तरह आप चलते हैं, किस तरह आप बात करते हैं, और किस तरह आप अपना दैनिक आचार-व्यवहार करते हैं।

दूसरा सकारात्मक सूत्र

"मैं परिपूर्ण हूं"

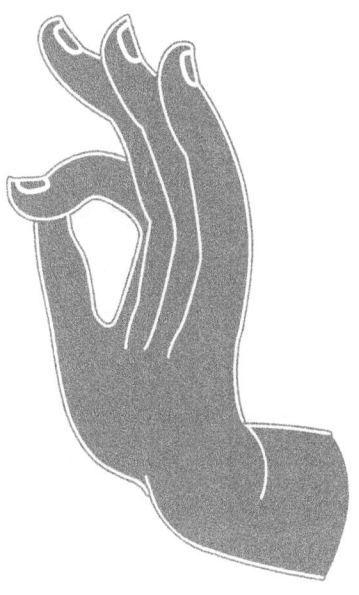

दूसरा सकारात्मक सूत्र

"मैं परिपूर्ण हूं"

मनुष्य होने के नाते, वरदानस्वरूप, आपको चेतना प्रदान की गई है जो कि स्वयं को परिपूर्ण बनाने के लिए सदा प्रयासरत रहा करती है। लेकिन उसका स्वयं को परिपूर्ण करना इतना भी आसान नहीं होता है। वह चरणबद्ध तरीके से विकसित होती है – अपने जीवन में कोशिशों और गलतियों की सीढ़ियों पर चढ़ते हुए ही आप उसे विकसित करते जाते हैं। अपने जीवन की शुरुआत आप अचेतन रूप से, अनजाने ढंग से करते हैं। इसका मतलब यह हुआ कि आप अपने जीवन का और जीवन में घटित होने वाली घटनाओं का सामना उन सब बातों के माध्यम से करते हैं जो कि आपकी स्मृति में समाई होती हैं; और इस तरह आप क्रिया-प्रतिक्रिया की एक ऐसी प्रक्रिया पर चलने लगते हैं जो कि उलझनों का एक सिलसिला पैदा कर सकती है।

बाद में आने वाली समझ से जब आपको यह बोध होता है कि पिछले किसी ख़ास अवसर पर आपने प्रतिक्रया (रिएक्शन) के बजाय यदि अनुकूल क्रिया (रेस्पॉन्स) की होती तो परिणाम सकारात्मक होता,

लेकिन तब तक वह अवसर आपके हाथ से निकल चुका होता है। इस बात को समझ लेने के बाद, आप कुछ करने से पहले सोचने की आदत डाल लेते हैं, और फिर इसके अभ्यास व सजग प्रयास के साथ आप सही कदम उठाने लगते हैं।

लेकिन परिपूर्णता आपके जीवन और रोजमर्रा के रहन-सहन से ही जुड़ी नहीं होती है। परिपूर्ण होने में आपके जीवन का वह हर क्षेत्र, हर प्रकरण, हर अवस्था और हर रिश्ता आ जाता है जिसमें कि आपका शारीरिक, मानसिक, भावनात्मक और आध्यात्मिक अस्तित्व आलिप्त रहा करता है। यह एक धीमा लेकिन एक बराबर व बाक़ायदा चलने वाला सिलसिला होता है, और कुछ समय बाद, शायद कई जीवनकाल के बाद, आप सीख जाएं कि सचेतन रूप से एक चैतन्य जीवन कैसे जिया जाए।

इस दृढ़-वचन को समझने के लिए, आपको कर्म और पुनर्जन्म के सिद्धांतों को समझना होगा।

जन्म-जन्मांतरों से बारंबार जन्म लेते रहने का कारण यह है कि आप उस हद तक, उस स्तर तक विकसित होते जाएं जहां कि आप स्वयं को 'परिपूर्ण' अनुभव करने लगें। अतः आपके पुनर्जन्म का चक्र तब तक चलता रहेगा जब तक कि आपके सारे कर्मों का निवारण व निराकरण नहीं हो जाता। जिन कर्मों में आप आलिप्त रहते हैं वे ही यह निर्धारित करते हैं कि आप किस परिवार में जन्म लेंगे – ताकि आप उन्हें वह सब दे सकें जो कि उनका आप पर ऋण है और आप उनसे वह सब पा सकें जो कि उनके द्वारा आपको मिलना चाहिए। हर पुनर्जन्म के साथ होती अपनी भूमिकाओं में अदला-बदली के द्वारा, अपने व्यक्तित्व को

परिपूर्णता की ओर ले जाते हुए, आपने अपने प्रमुख कर्मों और उनके परिणामों के साथ इस परिवार में समोते हुए इसके चारों ओर अपना संसार रच लिया होता है।

इसका अर्थ यह हुआ कि आप इस जन्म में यदि पति और पत्नी हैं तो आपकी आपसी क्रिया-प्रतिक्रिया के कर्मफल से पैदा होने वाली परिस्थितियों के कारण, अगले जन्म में आपकी यह स्थिति उलट सकती है। यही चक्र हर एक रिश्ते में चला करता है – मित्रों के साथ भी और उन लोगों के साथ भी जो कि आपके संबंधों की बाहरी परिधि पर रहते हैं और जिनके साथ आपने संव्यवहार करते हुए चाहे कुछ पल ही बिताए होते हैं। ऐसा इसलिए होता है ताकि मानसिक, भावनात्मक और आध्यात्मिक पहलू परस्पर समेकित होकर, एकजुट होकर परिपूर्णता की ओर बढ़ चलें।

कर्म का सिद्धांत आपको एक ख़ास परिवेश या परिस्थिति में रख देता है, लेकिन उस परिवेश या स्थिति को एक सज़ा के रूप में नहीं देखा जाना चाहिए बल्कि उसे अपने उत्थान के एक अवसर के रूप में देखा जाना चाहिए। यह सिद्धांत आपको रिश्ते उपलब्ध कराता है और उन रिश्तों में होने वाले अनुभव आपको बेहतर बन कर उठने में, आपको अधिक प्रबुद्ध और श्रेष्ठ व्यक्ति बनने में सहायता करने के लिए होते हैं। इसलिए, जिस भी स्थिति-परिस्थिति में आप स्वयं को पाएं उसे स्वीकार कर लेना, और हर अनुभव से सबक सीखते चलना, यही सबसे बड़ी समझदारी है। यही है मार्ग परिपूर्णता का, और यही है मार्ग आध्यात्मिक विकास का।

कर्मफल वाले इस कर्म-सिद्धांत को समझ लेने के बाद, जब आप आपके मन में 'परिपूर्ण' शब्द आता है तब आपको होने वाली अनुभूति उस अनुभूति से भिन्न होती है जो कि 'पूर्ण' शब्द मन में आने पर हुआ करती है।

इन दोनों शब्दों पर ध्यान लगाइए और उनसे उठने वाली 'अनुभूति' के अंतर पर ग़ौर कीजिए। फिर, उस अनुभूति को अंकित कर लीजिए ताकि जब कभी भी उसकी आवश्यकता हो तो उसे आप बुला सकें। यदि आप 'पूर्ण' हैं तो आप 'परिपूर्ण' भी अवश्य ही होंगे, क्योंकि अपरिपूर्णता तो आती ही तब है जब कि आपमें कुछ कमी, कोई अभाव रह गया हो।

चूंकि आप उस दिव्य का एक अंश हैं इसलिए जो भी काम आप अपने हाथ में लें उसके प्रति ज़िम्मेदार बनें, और देखें कि वह पूरी ईमानदारी और सत्यनिष्ठा से किया जा रहा है।

तीसरा सकारात्मक सूत्र

"मैं बलवान हूं"

तीसरा सकारात्मक सूत्र

"मैं बलवान हूं"

जब आप अपने मन में 'बलवान' शब्द के बारे में सोचें तो उस में उठने वाले एहसास को भी महसूस करें और उस एहसास को अपने शरीर में उतरने व फैलने दें। यह बहुत महत्वपूर्ण है क्योंकि बल उस छवि के अनुरूप होता है जिसके साथ आप उसे जोड़ते हैं जैसे शेर या हाथी या फिर कोई पर्वत या वट वृक्ष।

जब आप पूर्ण भी हों और परिपूर्ण भी, तब आपका 'भीतरी बल' प्रदर्शित व प्रकट होने लगता है।

'मैं बलवान हूं' – जब आप बारंबार ऐसा कहते हैं तो कुछ समय बाद आप महसूस करेंगे कि आपके अंदर असाधारण शक्ति उत्पन्न होने लगती है – चलते हुए, अपना काम करते हुए, अपना व्यायाम करते हुए, आपके अंदर एक विशेष प्रकार का आत्मविश्वास बढ़ने लगता है और वह आपको अपने शारीरिक बल प्रदर्शन करने का नैतिक व मानसिक बल प्रदान करने लगता है।

कुछ ख़ास परिस्थितियों में आपमें बल का अचानक एक उबाल और प्रवाह आ जाता है। किसी चुनौती की स्थिति का मुकाबला करते समय आप चकित रह जाते हैं कि इतनी ताक़त आपमें आई कहां से! शारीरिक बल किसी एक मांसपेशी या कुछ मांसपेशियों की प्रबलता ही होता है जो कि किसी बाहरी भार या प्रहार के विरुद्ध प्रयोग किया जाने वाला बल होता है। उदाहरण के लिए, जब मैं सौ किलो का वजन उठा रहा होता हूं तो वह मेरा बल होता है।

यह बल उस विचार से आता है जो कि उस पल विशेष में सोचा गया होता है; जो भी विचार आप सोचते हैं वह एक ऐसी प्रबलता लिए हुए होता जिसे जो कि आप किसी ख़ास इरादे से उत्पन्न करते हैं। आपका और आपके आसपास वालों का हर विचार एक आकार लिए होता है। आपका और आपके आसपास वालों का विचार एक चुंबकीय शक्ति रखता है। अतः, जब किसी विशेष पल में आपको बल की आवश्यकता होती है तब उसकी चुंबकीय शक्ति आपके चारों ओर निकटतर आ जाती है और आवश्यक बल प्रकट हो जाता है।

कभी-कभी आपने देखा होगा कि आपका कोई मित्र क्रोधित हो गया है और उसका क्रोध प्रकोप में बदल जाता है, भावावेश व उन्माद में बदल जाता है। उस पल, क्रोध और कुंठा के विचार चुंबक की तरह एक दूसरे की ओर खिंचे चले आते हैं, जो कि आग में घी का काम करते हैं और इसलिए एक ऐसी उत्तेजक स्थिति उत्पन्न कर देते हैं जो गुत्थम-गुत्था या मार-पीट की ओर ले जाती है। इस क्रोध का उबाल जब शांत हो जाता है तो आपके

मित्र को भी अचंभा होता है कि उसे क्या हुआ था और फिर हो सकता है कि वह उस अप्रिय घटना के लिए क्षमा भी मांगने लगे।

दूसरी तरफ़, अगर आपने कभी देखा हो कि किसी दुर्बल व्यक्ति के पीछे कोई कुत्ता पड़ गया है तब जाने कहां से तुरंत उसमें बला की ताक़त आ जाती है कि वह सिर पर पैर रख कर भाग खड़ा होता है। ऐसी अजब ताक़त का प्रदर्शन वह आम तौर पर नहीं कर पाता है। आपको आश्चर्य होता होगा कि कुत्ते को दौड़ में पछाड़ देने की ताक़त अचानक उसमें आई कहां से!

अगर आप थोड़ा सोचें तो आप देखेंगे कि किसी भी स्थिति या परिस्थिति में, पहले विचार पैदा होता है, फिर भावना आती है और फिर क्रिया होती है।

इसलिए, हमेशा दृढ़तापूर्वक कहें, 'मैं बलवान हूं'। इससे जो ज़बरदस्त ताक़त आप महसूस करना शुरू करेंगे वह आपके व्यक्तित्व में परिलक्षित होने लगती है, प्रकट होने लगती है, और आवश्यक क्रिया भी होने लगती है।

चौथा सकारात्मक सूत्र

"मैं शक्तिशाली हूं"

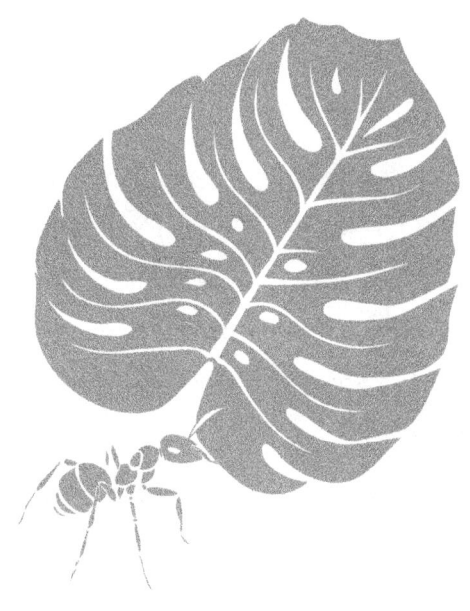

चौथा सकारात्मक सूत्र

"मैं शक्तिशाली हूं"

जैसे कि आपने पिछले वाले दृढ़-वचन के बारे में सोचा था वैसे ही यह सोचिए कि 'शक्ति' (Power) आपके लिए क्या अर्थ रखती है, और फिर देखिए कि यह आपके मन में कौन सा प्रतीक ले कर आती है। बहुत आवश्यक यह है कि आप इस शब्द के अर्थ को *अनुभव* करें, *महसूस* करें, न कि उसके किसी प्रतीक के बारे में केवल सोचते रहें।

जब हम शक्ति को परिभाषित करने बैठते हैं तब उसके अर्थ की परिधि में स्थान पाने के लिए बहुत से गुण दौड़ते चले आते हैं। जब कोई 'बल' के बारे में सोचता है तब जो बात पहले-पहल उसके मन-मस्तिष्क में आती है वह है हाथी या शेर की ज़बरदस्त ताक़त। इसी तरह जब हम शक्ति के बारे में सोचते हैं तब आत्मविश्वास, धैर्य, उदारता, निर्णयात्मकता, और प्रेरणा के सदुपयोग जैसे वे गुण हमारे मन में आते हैं जो कि हमारे चारों और के प्रतिकूल या अप्रिय हालात को बेअसर कर देने की क्षमता रखते हैं।

कई बार ऐसा होता है कि किसी सशक्त इच्छा या किसी दृढ़निश्चय की मानसिक-शक्ति व्यक्ति को कोई बहुत बड़ी ज़िम्मेदारी अपने कंधों पर लेने में, और अपनी किसी शारीरिक अक्षमता पर विजय पा लेने में भी, सहायता करती है ताकि ऊर्जा का प्रचंड स्रोत प्रस्फुटित हो सके।

इसका एक उदाहरण उस मां का है जिसका बच्चा कार के नीचे आ जाता है। उसमें तत्क्षण आ गई ताक़त से वह कार के पहियों को उठा देती है और अपने बच्चे को बचा लेती है। उसकी यह ताक़त केवल शारीरिक ही नहीं थी बल्कि मुख्यतः भावना की और अंतरात्मा की थी।

यह ब्रह्मांड शक्ति का असीम स्रोत है। जो कुछ सृष्टि में है वही व्यष्टि में है, यानी जो ब्रह्मांड में है वही पिंड (मानव शरीर) में है। इस प्रकार, यह पिंड अपने आप में ब्रह्मांड के समस्त प्रतिरूपों को शक्तिरूप में समाए हुए है ताकि जब कभी भी आवश्यकता आ पड़े तो उसे वह साकार रूप में प्रस्तुत व प्रकट कर सके।

आपके शरीर की एक-एक कोशिका उच्च वोल्टेज की ऊर्जा पैदा करने वाले बिजलीघर की तरह है। यह मानव शरीर एक विद्युत उपकरण की तरह काम करता है जो कि शरीर के ताप को समुचित स्तर पर बनाए रखता है और सूक्ष्म नाड़ियों के माध्यम से शरीर में प्राण का सुसंगत प्रवाह करता रहता है। रक्त नलिकाएं इस शरीर को पोषण देने के लिए प्राणवायु (ऑक्सीज़न) से भरे हुए रक्त को ले जाती रहती हैं। प्राण तथा प्राणवायु से आपको प्राप्त होने वाले हितों के अलावा भी, हड्डी बनाने वाली कोशिकाओं, मस्तिष्क-कोशिकाओं और रक्त-कोशिकाओं जैसे

कोशिकाओं के अनेक समूहों से भी आप हित-लाभ प्राप्त करते रहते हैं। हमारे इस शरीर में अनेक ऐसी ग्रंथियां हैं जो हारमोन्स पैदा करती रहती हैं और उन्हें वितरित व प्रवाहित करती रहती हैं, और वे हारमोन्स शरीर की लगातार मरम्मत और उसका भरण-पोषण करते रहने के लिए रक्त नलिकाओं के माध्यम से सारे शरीर में भेजे जाते रहते हैं, ताकि यह शरीर पूरी तरह स्वस्थ रहे, शक्ति व ऊर्जा से संपन्न रहे।

आपके शरीर में अरबों-खरबों कोशिकाएं विद्यमान रहती हैं जो प्रति सैकंड अरबों-खरबों प्रतिक्रियाएं करती रहती हैं। आप जब इन कोशिकाओं की क्षमताओं को अपना काम करने देते हैं तब आप अपनी सर्वोत्तम अवस्था में होते हैं। हर एक कोशिका का अपना एक डीएनए होता है जिसमें तत्संबंधी सूचना और जानकारी निहित रहती है क्योंकि हर कोशिका उस परम-पूर्ण की प्रज्ञा से संबद्ध रहती है। हमारा मस्तिष्क उस परम-पूर्ण के कंप्यूटर के रूप में काम करता है। ज़रा सोचिए तो सही कि हर एक कोशिका के भीतर कितनी असंख्य और अनंत जानकारी और अपरिमित ज्ञान छुपा हुआ है।

उपर्युक्त बातों को समझ लेने और फिर उनके प्रति सजग-सचेत रहने के बाद, आपके व्यक्तित्व के किसी ख़ास पहलू को साकार करने के लिए, उसे कार्य रूप में परिवर्तित करने के लिए, आपके भीतर जब भी कोई विचार पैदा होता है, तो निश्चित तौर पर वह स्वयं को साकार करके ही रहता है।

जो चीज़ आपको नापसंद हो तो भी आप उसे स्वीकार करें। तब वह रूपांतरित हो जायेगी एक ऐसे रूप में जो आपको पसंद

आने लगेगा। जो कुछ आपके पास है उसके लिए यदि आप कृतज्ञ होंगे तो कृतज्ञता का वह भाव अपनी ओर अपने जैसे ही अन्य अच्छे-अच्छे भावों को आकर्षित करेगा। जो कुछ आपके पास है उसके प्रति यदि आप अप्रसन्नता का, खीजने का भाव रखेंगे तो वही भाव अपनी ओर अपने जैसे ही ख़राब-ख़राब भावों को आकर्षित करेगा। ऐसी शक्ति है आपकी। और, यह आपके पास आजीवन रहती है।

— एंड्रियाज़ मोर्टिज़

तो, शक्ति होती क्या है? इस शब्द में यह सच्चाई समाहित है कि आप जो कुछ भी करते हैं, उसे जितनी भी शक्ति की आवश्यकता होती है उसकी आपूर्ति पर्याप्त रूप से आपमें होती रहती है। अगर ऐसा न हो तो आप खुद को थका हुआ, चुका हुआ, हताश-निराश, मायूस और महरूम महसूस करेंगे। इसीलिए हमेशा ही दृढ़तापूर्वक आपको यह कहते रहना चाहिए, 'मैं शक्तिशाली हूं'।

दृढ़तापूर्वक यह कहते रहने से कि 'मैं सम्पूर्ण हूं', 'मैं परिपूर्ण हूं', 'मैं बलवान हूं' और 'मैं शक्तिशाली हूं' — ये दृढ़-वचन आपके भीतर विराजमान अनंत-असीम क्षमताओं से जुड़ जाते हैं।

पांचवा सकारात्मक सूत्र

"मैं प्रेममय हूं"

पांचवा सकारात्मक सूत्र

"मैं प्रेममय हूं"

जब आप 'प्रेम' शब्द का उच्चारण करते हैं तब वह कौन सा भाव है जो आपके अंदर उभर कर आता है? क्या वह तनाव मुक्त होने जैसा, अभिन्नता, या शांति जैसा कोई भाव होता है? जब आप स्वयं से प्रेम करने लगते हैं तब आप स्वयं को पूरी तरह स्वीकार करने लगते हैं — भले ही आप किसी भी अवस्था अथवा स्थिति में क्यों न रहते हों। जब आप स्वयं से प्रेम करते हैं तब आप तनाव मुक्तता की एक कल्याणमयी व सुखमयी अवस्था का अनुभव करते हैं। यह अवस्था पूर्णता की परिचायक होती है। उस अवस्था में आप 'परिपूर्णता' अनुभव करते हैं।

'प्रेम' के बारे में सोचिए, उसके सदाबहार और निर्विकार स्वभाव के बारे में सोचिए, उसके सार-सत्त्व, उसकी सुगंध के बारे में सोचिए — चाहे वह किसी भी स्वरूप में आपके सामने खिल रहा हो। प्रेम के कई पहलू होते हैं। माता-पिता का प्रेम, भाई-बहनों का प्रेम, मित्रों का प्रेम — यह प्रेम का एक स्वरूप है। प्रेम कामुकता से भी जुड़ा होता है। दुर्भाग्य से, प्रेम का यह

स्वरूप उन रंगों से रंगा होता है जो कि आप फ़िल्मों में देखा करते हैं, किताबों में पढ़ा करते हैं। उनमें दिखाया व बताया गया होता है कि बिना यौन संबंधों के पुरुष व स्त्री का प्रेम संबंध लंबे समय तक चलना संभव नहीं है। परंतु, प्रेम का यह कामुक स्वरूप तो प्रेम का केवल एक पहलू है। प्रेम यद्यपि कामुकता से जुड़ा हो सकता है, लेकिन वह केवल कामुकता तक ही सीमित न रह कर उससे पार भी जा सकता है।

आम भाषा में, प्रेम को जिस रूप में आप समझते हैं वह उस धारणा से ली गई होती है जिसे कि आप बचपन से अब तक विकसित करते आए हैं।

हमें यह समझने का प्रयास करना चाहिए कि 'यथार्थ' में प्रेम होता क्या है। प्रेम इतना विशाल, इतना व्यापक है कि यदि यह पूछा जाए कि अपने दिन-प्रतिदिन के जीवन में ईश्वर को कैसे महसूस किया जाए तो उत्तर होगाः केवल प्रेम द्वारा।

प्रेम को प्रकृति सब से अच्छे ढंग से अभिव्यक्त करती है। उसका प्रेम बिना किसी शर्त के होता है। प्रकृति को जो देना होता है उसे वह बिना किसी भेदभाव के दिया करती है, और बदले में हमसे कुछ भी अपेक्षा नहीं करती। ईश्वर ने जो कुछ भी बनाया है वह किसी न किसी प्रयोजन से बनाया है; और उस प्रयोजन को पूरा करने के लिए सारी सृष्टि एक लय-ताल में चलती है।

उदाहरण के लिए, आम के पेड़ का प्रयोजन आम पैदा करना है। अगर एक व्यक्ति उसका पालन-पोषण करता है;

लेकिन दूसरा फल तोड़ लेता है, तो भी, फलदार होने पर वह उन दोनों व्यक्तियों में कोई फ़र्क़ नहीं करता है। वह कोई भी भेदभाव किए बिना अपने स्वभाव पर क़ायम रहता है।

इसी प्रकार, प्रकृति में हर चीज़ समरसता, समानता और प्रेम की लयताल में चला करती है ताकि सुव्यवस्था पूरी तरह बनी रहे। यह होता है 'प्रेम'। प्रेम जब स्वयं को प्रेम के वास्ते प्रकट करता है, तब उस ईश्वर की, उस परम-आनंद की उपस्थिति महसूस की जा सकती है जिससे यह समूची सृष्टि उत्पन्न हुई है।

बिना शर्त के प्रेम देने की योग्यता में जब आप इस स्तर तक पहुंच जाते हैं, तब आप वह माध्यम बन जाते हैं जिसके जरिए प्रेम हर किसी के लिए प्रवाहित होने लगता है। ईश्वर के प्रति ग्रहणशील बनिये, ईश्वर के पात्र बनिये। अपने अंदर अनुभूति का संचार किए जाने के लिए, अपने अंदर भावनात्मक प्रेम उतरने के लिए, उससे अनुनय कीजिए – और वह आपके पूरे अस्तित्व को प्रेम से भर देगा। यह दृढ़-वचन दोहराइए 'मैं प्रेममय हूं' और ईश्वर से अनुनय कीजिए कि वह आपको सजग बनाए, और आपके जरिए प्रवाहित होने वाले बिना शर्त के प्रेम की अनुभूति आपको होने दे।

छठा सकारात्मक सूत्र

"मैं समरस हूं"

छठा सकारात्मक सूत्र

"मैं समरस हूं"

सृष्टि में एक गहरा व सूक्ष्म सामंजस्य, साम्य और संतुलन विद्यमान रहता है। प्रकृति में हर चीज़ परस्पर एक निश्चित सामंजस्य में, लयताल-बद्धता में, पूरे समन्वय में गति करती है। सारी ऋतुएं एक दूसरे के पीछे-पीछे एक निर्धारित क्रम में आती हैं, वसंत के बाद ग्रीष्म ऋतु आती है, ग्रीष्म के बाद शरद ऋतु और शरद के बाद शीत ऋतु आती है। पूर्ण चंद्र भी अपने घटने व बढ़ने का चक्र पूरा करता है। सूर्य उदय होता है और अस्त होता है। दिन रात में बदल जाता हैं और रात दिन में बदल जाती है। ज्वार चढ़ता है तो उसके बाद भाटा उतरता भी है। इस प्रकार, सृष्टि एक निश्चित नैसर्गिक विधान पर चला करती है।

इसी प्रकार, मानवता भी जीवन के सभी क्षेत्रों में उतार-चढ़ाव की एक निश्चित लयताल-बद्धता में चला करती है। हर उतार में आपके लिए अगले चढ़ाव का अवसर छुपा रहता है ताकि आप एक नई जीवन शक्ति के साथ बल व चरित्र का निर्माण कर

सकें, और शायद एक गहरी समझ भी पा सकें कि जीवन क्या होता है। जीवन में यदि उतार न हो, बुरे दिन न हों तो आप जीवन को गहराई तक नहीं समझ पायेंगे और न ही उत्थान की पूरी प्रक्रिया के प्रति संवेदनशील हो पायेंगे। इसलिए, यदि आप जीवन में बुरी अवस्था में हैं, तो इस बात का कोई औचित्य नहीं कि आप दुखी हों, यह कहें कि ''हाय मैं अचानक ही इस स्थिति में क्यों व कैसे आ गया हूं।''

ऐसे में, आपको आवश्यकता है केवल धैर्य रखने की, और इस बात में विश्वास रखने कि सब कुछ 'उतार-चढ़ाव' के लयतालबद्ध चक्र के अंतर्गत हो रहा है। जीवन जीते हुए जैसे-जैसे आप सजगता का स्तर बढ़ाते जाते हैं, वैसे-वैसे आप इस लय-ताल को समझने लगते हैं और प्रायः उस तक पुहंचने भी लगते हैं। तनाव के समय, या उस समय जब कि आप उतार की अवस्था में होते हैं, तब यह लयताल-बद्धता या कहें कि सदा-विद्यमान सामंजस्यता आपको शांत होने में सहायता करती है और आपको एक ऐसी अवस्था में आने देती है जिसे बस 'होना' कहा जाता है।

हर्ष के समय, यह सामंजस्यता आपको केंद्र में स्थिर रहने और अपना संतुलन बनाए रखने में सहायता करती है। जल्दी ही आपको यह बोध हो जाता है कि जीवन तो एक नियमबद्ध व्यवस्था है और इसमें आने वाली परीक्षा व परिश्रम की घड़ियां किसी बड़ी सफलता तक ले जाने वाली सीढ़ीयाँ मात्र हैं, जो जीवन के प्रति आपकी समझ-बूझ को और गहराई तक ले जाने में सहायता करने के लिए आती हैं। आपको शीघ्र ही यह

भी अनुभव होने लगेगा कि इस समय अपने जीवन में आप चाहे किसी भी अवस्था में हों, आपकी आंतरिक सामंजस्यता आपकी बाहरी परिस्थितियों से अछूती व अप्रभावित रहती है।

जब आप उस सकलता की शक्तियों को समझ लेंगे तब आप देखेंगे कि जीवन की एक समरस व लयतालबद्ध निश्चित व्यवस्था होती है जिसके कि अपने उतार-चढ़ाव होते हैं, अपने अंधेरे-उजाले होते हैं। उतार जितना भी नीचा होगा, चढ़ाव उतना ही ऊंचा जायेगा। चढ़ाव जितना ही ऊंचा होगा, दृश्य उतना ही अधिक स्पष्ट होगा। तब आप देखेंगे कि जिस परिस्थिति से पार पाना आपको असंभव लग रहा था, वह तो बस एक ऐसी बाधा थी जिसे कि आपने पार करना था, और यह सब आपको और भी मज़बूत करने की प्रक्रिया का बस एक भाग था। अब आप देखेंगे कि आने वाले घटनाक्रमों में एक मेल-मिलाप है, एक संबद्धता है, सामंजस्यता है, और आप यह महसूस करेंगे कि सब कुछ सही हो रहा है, अपितु बहुत सही हो रहा है।

अपने जीवन में समरस स्थितियों को आमंत्रित करने के लिए आपको एक सामंजस्यतापूर्ण मानसिक दृष्टिकोण विकसित करना होगा। आपके व्यक्तित्व के विभिन्न पक्षों का अभिन्न हो जाना ही सामंजस्यता है। यह वह अवस्था होती है जिसमें मन, विचार, भावना, तर्क और अनुभूति – ये सब एक ही डोर में पिरोये हुए होते हैं। दूसरे शब्दों में, जब सम्यक विचार, सम्यक तर्क के साथ चलता हुआ, सम्यक शब्द बोलता हुआ, सम्यक कर्म करता है तब ये सब एक साथ चलते हुए, एक विशेष परिणाम की ओर बढ़ रहे होते हैं। आपके जीवन में जब विचारों

तथा भावनाओं का एक समान व संतुलित प्रवाह होने लगता है, जब आपके व्यक्तित्व में एक साम्यावस्था आ जाती है, तब जो कुछ भी होता है उसके साथ आप सामंजस्य में रहने लगते हैं। तब आप एक ऐसी स्थिति में रहने लगते हैं जहां किसी भी अवस्था में आप कोई न्यायकर्ता नहीं बन जाते हैं, कोई प्रतिक्रिया नहीं करते हैं, बल्कि 'जो है' को शालीनतापूर्वक, विनम्रतापूर्वक स्वीकार कर लेते हैं।

इस सृष्टि की सामंजस्यता, लय-तालबद्धता और संतुलनता पर विचार कीजिए। इस सृष्टि की सुव्यवस्था पर विचार कीजिए। इन विचारों को एक एहसास में बदल जाने दीजिए, और फिर वह एहसास आपके दिलोदिमाग में गहराई तक रच-बस जाएंगे ताकि आप उस सामंजस्यता तक आसानी से पहुंच सकें। यदि आप 'संपूर्ण' हैं, 'परिपूर्ण' हैं, 'बलवान' हैं, 'शक्तिशाली' हैं, 'प्रेममय' हैं, तो आप सहज और स्वाभाविक रूप से 'समरस' भी हो जायेंगे।

यदि आप इस व्यवस्थित आचरण से चलेंगे तो आप देखेंगे कि प्रकृति के बाहरी, भीतरी, शाश्वत और अपरिवर्तनीय विधान के साथ आप समरस रहते हैं। तब आप आनंद की परम सुख अवस्था में रहते हैं – और इस प्रकार अपने चहुं ओर एक ऊर्जा सृजित कर लेते हैं जो कि हर व्यक्ति को और सृष्टि की हर रचना को उन्नत व आनन्दित करती रहती है। तब आप जहां कहीं भी जाएंगे वहां सामंजस्यता की रचना करते रहेंगे।

सातवां सकारात्मक सूत्र

"मैं संपन्न हूं"

सातवां सकारात्मक सूत्र

"मैं संपन्न हूं"

यदि हम प्रकृति को देखें तो उसमें हर तरफ़ प्रचुरता है – फल, फूल, पेड़, पौधे, जड़ी-बूटियां, औषधीय पौधे, पशु-पक्षी और जल-जीवों का संसार। प्रकृति शायद ही कहीं दरिद्रता की मारी दिखाई देती हो। परिवर्तन और प्रचुरता इसके स्वभावसिद्ध नियम हैं। इसका होना जीवन के लिए बहुत महत्व रखता है, और सारे जीवन प्रज्ञावान है।

हम केवल उसे देख पाते हैं जो कि दृश्य है लेकिन हमें उसका बोध नहीं हो सकता जो कि अदृश्य है। सृष्टि की रचना और पुनर्रचना की प्रक्रिया अबाध और अनवरत रूप से चलती रहती है। एक बीज में एक पूरे जंगल की संभावना छिपी रहती है, क्योंकि बोया गया बीज स्वयं को पुनरुत्पादित करते हुए अनेकानेक बीजों की पैदावार कर देता है।

पूरी तरह संतुलन और सामंजस्य में रहने वाली प्रकृति की तरह ही, मानव का हर विचार – संतुलन में रहने वाला विचार – स्वाभाविक रूप से प्रगति की ओर, बढ़ता जाता है क्योंकि

जीवन विकास और वृद्धि करना ही तो है – मानसिक रूप से, शारीरिक रूप से और आध्यात्मिक रूप से। प्रत्येक विचार, अवधारणा, इच्छा और आवश्यकता इसी में तो बसा करती हैं, और इससे जुड़े अन्य विचारों की श्रृंखला भी इसी में वास करती है।

उदाहरण के लिए, यदि आप कोई कमरा बनाना चाहते हैं तो आप दरवाज़ों, खिड़कियों, रंग-रोगन, फ़र्नीचर इत्यादि के बारे में भी सोचेंगे। दिन-प्रतिदिन के जीवन में आज का दिन आगे बढ़ने का विधान ही तो है। आपको तो बस यह स्पष्ट होना चाहिए कि आप चाहते क्या हैं, और यह समझ लेना चाहिए कि हर विचार साकार होने की क्षमता रखता है।

प्रकृति का नियम है कि जो कुछ आप उसे देते हैं उसी को वह पलट कर आपको देती है। इसी प्रकार, आपके विचार भी रूप-आकार के इस संसार में गूंज कर, पलट कर आपके पास आ आते हैं और इस प्रकार आपके खुद के उस भविष्य की रचना करने में भागीदार बनने में वे आपकी सहायता करते हैं जिसमें कि आपकी मनोवांछित प्रचुरता, बहुतायतता और समृद्धि को पलट कर आने की पूरी-पूरी संभावना रहती है।

प्रकृति बिना कोई सवाल किए, बिना कोई भेद-भाव या अपेक्षा किए प्रचुरता में, बहुतायत में देती है। लेकिन, किसी भी तरह उसमें कभी कोई कमी नहीं आती। इसी तरह, आपके पास जितने भी संसाधन उपलब्ध हैं, उन्हीं के साथ इस दृढ़-वचन को दोहराते रहिए 'मैं संपन्न हूं'। 'संपन्न' होने का अर्थ है कि जब कभी भी कोई ज़रूरतमंद आपके पास आए और आप उसकी

ज़रूरत को पूरा करने की स्थिति में हों – चाहे वह पैसे से पूरी होती हो या करूणा या सांत्वना से – तो उसे आप अवश्य पूरी करें। इससे आप कुछ खोयेंगे नहीं, उल्टा इसका आपको लाभ ही मिलने वाला है। यदि देने से आप खुद को रोक कर नहीं रखते हैं और जो देना है वह उदारतापूर्वक दिया करते हैं तो आने और जाने का एक निरंतर प्रवाह बना रहेगा और आप वह चैनल बन जायेंगे जिसके माध्यम से सकारात्मक ऊर्जा लगातार प्रवाहित होती रहेगी।

एक समृद्धि तो होती है भौतिक संपदाओं की, लेकिन एक अन्य समृद्धि होती है भावना की, मनोभाव की। लोगों को हम अक्सर यह कहते हुए सुनते हैं कि अमुक आदमी का 'हृदय बहुत उदार है' या अमुक का 'हृदय बहुत बड़ा है'। इसका अर्थ क्या है? इसका अर्थ यह है कि जो कुछ वह दे सकता है, अथवा परिस्थितिनुसार उसे जो भी देना चाहिए, वक़्त आने पर, उसे देने में वह कभी पीछे नहीं हटता है। वह आभार व्यक्त करने के लिए घुटनों के बल बैठ जाने में हिचकता नहीं है। वह केवल देने का ही धनी नहीं है बल्कि वक़्त जो उसे देता है उसे भी वह विनम्रतापूर्वक स्वीकार करता है। 'समृद्धि' के ये कुछ उदाहरण हैं। वक़्त की जो भी मांग हो उसे आप यदि खुले हाथ से देते हैं तो आप अपने लिए भावी 'समृद्धि' की प्रचुरता ही रच रहे होते हैं।

आठवां सकारात्मक सूत्र

"मैं युवा हूं"

आठवां सकारात्मक सूत्र

"मैं युवा हूं"

जवां-दिल होना और युवा जैसा चेहरा खिलना – जीवन के प्रति आपके रवैये से ही ऐसा होता है, इसका इस बात से कोई संबंध नहीं है कि आपकी उम्र कितनी है। आपका रवैया यदि खुशमिजाजी का है और जीवन के प्रति एक रचनात्मक रूचि रखने का है तो आप हमेशा युवा महसूस करेंगे – चाहे आप अस्सी वर्ष के क्यों न हो गए हों। एक बच्चे जैसा जोश और जो कुछ भी आप करें उसमें दिलचस्पी लेना – यह न केवल आपके मनोबल को युवा रखता है बल्कि आप युवा दिखते भी है।

अगर आप 'युवा' शब्द पर टिके रहना चाहते हैं तो आपको यौवनमय रहने के उत्कृष्ट व शानदार पहलुओं को ध्यान में रखना होगा, जैसेः गरिमा, कौतुहल और जिंदादिली। आपको अपनी रचनात्मक कल्पना का प्रयोग करते हुए अपने चेहरे का, अपने पूरे अस्तित्व का एक ऐसा मानसिक चित्र बनाना चाहिए जैसे कि वे उज्ज्वल और प्रसन्नमुख हो रहे हों।

अपने आसपास के परिवेश व लोगों के साथ परस्पर प्रभावित होते हुए यह मानव मन (सामूहिक मन), सचेतन मन की जानकारी में आए बिना ही – आपके द्वारा स्वीकार कर लिए गए आयु संबंधी परिवर्तनों के आधार पर, अवचेतन मन को सूचना भेजता रहता है। उदाहरण के लिए यह धारणा कि चालीस वर्ष की उम्र में आपको चश्मा लग ही जायेगा, या साठ तक पहुंचते-पहुंचते आपके घुटने जवाब दे जायेंगे, या आमतौर पर यह माना जाना कि रात को नाखून नहीं काटने चाहिएं।

हमारा अवचेतन मन हमारे शरीर का वास्तुकार भी है और अनुरक्षण अभियंता (मेन्टेनैंस इंजीनियर) भी। यह बिना कारण के कार्य करता है। कुल मिला कर बात यह है कि सामूहिक मन से प्राप्त की गई और ग्रहण की गई सूचना के आधार पर ही हमारा अवचेतन मन हमारे शरीर का रख-रखाव करता है, और अंततः आप खुद को वैसा ही बनाने लगते हैं।

आधुनिक विज्ञान बताता है कि मानव शरीर में कोशिकाओं की आयु केवल एक वर्ष की रहती है। यह एक वास्तविक तथ्य है। इसलिए, आप यदि जीवन के प्रति अपनी प्रवृत्ति, अपनी सोच को बदल लें तो आपके लिए चिरयुवा रहना संभव हो जायेगा।

कलैंडर के अनुसार गिनी जाने वाली आयु के अनुरूप आने वाले जिन विचारों को – जिन्हें कि सामूहिक मन ने और आपने भी स्वीकार कर लिया होता है – अवचेतन मन साकार स्वरूप देना शुरू कर देता है। एक ही ब्लूप्रिंट को दोहराते रहने के चक्र से निकलने के लिए आपको ब्लूप्रिंट में बदलाव लाना होगा।

वह विश्वास जिसका निर्माण आप स्वयं अपने लिए करते हैं, वही विश्वास आपके समक्ष वह नया ब्लूप्रिंट प्रस्तुत कर देता है जो कि आपके जीवन को प्रभावित कर देने वाला होता है। इस तरह से सजग रह कर आप अपने लिए अपना एक नया व्यक्तित्व रचते हैं। आयु बढ़ने वाली बात पर अगर आपका दिलोदिमाग बिल्कुल साफ़ तौर पर सोचने वाला है तो आप समय से पहले बूढ़े नहीं होंगे – यानी अपनी आयु से दस साल बड़े दिखने के बजाय आप अपनी आयु से दस साल कम दिखाई देंगे।

नया ब्लूप्रिंट बनाने का एक तरीका यह है कि जब आप सोने के लिए जाएं तो यौवनमय महसूस करें। ऐसा करने से अंततः आप अपने अवचेतन में युवा होने की धारणा का बीजारोपण करने में सफल हो जायेंगे। यह बात याद रखने वाली है कि निद्रा के दौरान आप आध्यात्मिक रूप से प्रभारित (चार्ज्ड) हो जाते हैं।

इस बोध, इस समझबूझ और इस सूत्रवाक्य को कि 'मैं यौवनमय हूं' बारंबार दृढ़-वचन के रूप में दोहराए जाने व ध्यान में रखने के साथ आप इस विचार की शक्ति को उत्पन्न करने लगेंगे। बाकी सब बातों की देखरेख आपके अंदर विराजमान रचनात्मक चेतना आपके अवचेतन मन के माध्यम से कर लेगी।

आपने ऐसे योगी देखे होंगे जो अपनी वास्तविक आयु की अपेक्षा बहुत युवा लगते हैं। ऐसा इसलिए नहीं है कि उन्होंने युवा रहने के लिए कोई अभ्यास या पद्धति अपना ली है, अपितु ऐसा इसलिए है कि वे जीवन के प्रवाह को चलने देते हैं,

उसके आड़े आने का प्रयास नहीं करते हैं। आप तो अपने इस शरीर के बस ट्रस्टी हैं, यानी आपका यह शरीर आपके पास अमानत के रूप में है। इसलिए आपका रहन-सहन, खाना, बोलना, सुनना, देखना इस प्रकार होना चाहिए कि आपका शरीर सुदर, स्वस्थ और युवा रहे। आपका एकाग्रचित्त विचार आपकी रचनात्मक चेतना की रचनात्मक शक्ति होता है। एकाग्रचित्त विचार द्वारा अपने शरीर को युवा-ऊर्जा, स्वास्थ्य और प्रसन्नता जैसे गुणों से भरने के लिए आप अपने अस्तित्व के कण-कण के आभामंडल का निर्माण कर सकते हैं। आपका अवचेतन मन उन सब बातों का विश्वास कर लेगा जो कि आप उससे कहेंगे, और तदनुसार वह काम भी करेगा। आपको बस इतना करना है कि नकारात्मक विचारों से दूरी बनाए रखते हुए आप अपने अंदर सकारात्मकता को स्थापित करें।

श्री निसर्गदत्त महाराज का कहना है: 'ध्यान में बैठना चेतना को खुलने व खिलने में मदद करता है। यह व्यवहार में स्वतःप्रसून परिवर्तन और गहरी समझ लाने वाला होता है। ये परिवर्तन स्वयं चेतना में आते हैं, न कि समयानुसार रंग बदलने वाले हमारे व्यक्तित्व में। जबरन परिवर्तन केवल हमारे मानसिक स्तर तक रहते हैं। मानसिक व बौद्धिक परिवर्तन पूरी तरह अस्वाभाविक होते हैं, कृत्रिम होते हैं और उनसे भिन्न होते हैं जो कि जन्म के सिद्धांत में हुआ करते हैं। ध्यान के कारण आने वाले परिवर्तन तो स्वाभाविक रूप से आते हैं, स्वतः आते हैं और स्वयं आते हैं।

अपने ध्यान में, अपनी युवा जैसी छवि को उभारिए, जैसा आप होना चाहते हैं वैसी छवि बनाइए। जितनी देर तक इस

छवि को आप क़ायम रख पाएं उसे क़ायम रखिए और फिर उसे धीरे-धीरे अपने अवचेतन मन में समाने दीजिए। इस ध्यान द्वारा आप अपने दिलोदिमाग में भरी हुई आयु के तथा उम्रदराज़ होने के विषय में तमाम नकारात्मक सोच वाली बेड़ियों को तोड़ कर निकल जायेंगे जो कि आपकी सांस्कृतिक पृष्ठभूमि की पारंपरिक विचारधारा ने डाल दी हैं।

नौंवा सकारात्मक सूत्र

"मैं सुखमय हूं"

नौंवा सकारात्मक सूत्र

"मैं सुखमय हूं"

''सुख की जो भी श्रेष्ठतम कल्पना की जा सकती है,
उस सुख को आप पा सकते हैं, या एक प्रकार से आप स्वयं
ही वह सुख हो सकते हैं। अन्य जिन सुखों की आप बात
किया करते हैं, जैसे 'हर्ष', 'प्रसन्नता', 'परमानंद', —
ये सब तो उस आनंद के प्रतिबिंब मात्र हैं जो कि
अपने स्वाभाविक स्वरूप में आप स्वयं हैं।''

— श्री रमण महर्षि

'सुख' क्या होता है, हम सब ने इसकी अपनी-अपनी परिभाषा बना रखी है। आमतौर पर 'सुख' को हमने अपनी इच्छाओं की पूर्ति होने से जोड़ रखा है। हमें ऐसा लगता है कि यदि अपने जीवन के हर क्षेत्र में हमारे पास सब कुछ प्रचुर मात्रा में हो जाए, यानी पर्याप्त से भी अधिक हो जाए, तो हम सुखी हो जायेंगे। उदाहरण के लिए, यदि किसी के पास खूब सारा धन हो, बड़ा सा घर हो, हृष्ट-पुष्ट स्वास्थ्य हो तो वह स्वयं को सुखी मानेगा।

लेकिन सच्चा सुख तो स्वयं के साथ तथा संसार के साथ शांतिपूर्वक रहने में है। किंतु, ऐसा तभी संभव होता है जब हमारा तन, मन और चित्त एक संगति में, एक ताल में स्पंदित हो, लेकिन यह एक असाधारण घटना होती है। यह घटना कोई ऐसी घटना नहीं होती जो कि स्वयंमेव घटित हो जाती हो। इसके होने के लिए हमें पांचों ज्ञानेन्द्रियों को सजगतापूर्वक समग्र बनाते हुए काम करना होगा; दूसरे शब्दों में कहें तो ऐसा तब घटित होता है जब हमारे सामने जो भी स्थिति, परिस्थिति आए उसमें हम प्रतिक्रिया न करें बल्कि जो भी करना उचित हो उसे सजगतापूर्वक ज़िम्मेदारी से करें।

सच्चा सुख तो आपके अंदर ही प्रस्तुत रहता है। इस अवस्था को तब प्राप्त किया जा सकता है जब हमारे भावनात्मक, मानसिक तथा शारीरिक रूपों में संतुलन हो, – यानी जब आप जो कुछ सोचें, जो कुछ कहें और जो कुछ करें, उस सब में एक तालमेल रहे, सामंजस्यता रहे। सच्चे सुख की यह अनुभूति वास्तव में क्षणिक खुशी और विषय-सुख के अनुभव से कहीं बड़ी होती है; यह मन की एक ऐसी अवस्था होती है जिसमें कि व्यक्ति सदा-सर्वदा 'सुखी' रहा करता है।

कोई इस अवस्था में तब पहुंच पाता है जब वह मन से आगे निकल गया हो और जीवन में आवागमन कर रहे अस्थायी पहलुओं का एक बस अवलोकनकर्ता या साक्षी बन कर रह रहा हो। यानी वह मन से तादात्म्य करके जीने वाला न रह कर अधिक चैतन्य होकर जीवन जी रहा हो। ऐसी मनोदशा कायम रखने के लिए उसे दृढ़ संकल्प की, जागरूकता व सतर्कता की,

ध्यान की और अपने जीवन में पूर्णता लाने की आवश्यकता होती है।

ध्यान में, जब कोई भी विचार न चल रहा हो तब मन-मस्तिष्क स्वच्छ व निर्मल और शांत-प्रशांत रहता है। वह ध्यान तब चैतन्य जीवन और परम-रूपांतरण तक पहुंचने का प्रवेश द्वार बन जाता है।

प्रातःकाल के आरंभिक पलों में जब चेतन मन में कोई विचार नहीं होते, जब विचारों का कोई कोलाहल नहीं होता। तब वह मन स्वच्छ, निर्मल व शांत-प्रशांत रहता है। चेतनता एक दर्पण की भाँति होती है। इसीलिए स्वामी रामनाथन ने प्रातःकाल के लिए एक सशक्त अभ्यास बताया है। वह कहते हैं कि इस अभ्यास के लिए हमें पूरे ध्यान से इस तरह से वस्त्र धारण करने चाहिएं जैसे कि हम किसी ऐसे व्यक्ति से मिलने जा रहे हों जिसकी राय हमारे लिए बहुत मायने रखती हो।

उसके बाद आप ये तीन काम करें:
1. दर्पण के सामने खड़े हो जाएं।
2. स्वयं को देख कर मुस्कुराएं, अपने अंदर प्रसन्नता महसूस करें और अपनी आंखों में आंखें डाल कर देखें।
3. अपने आप से बात करना शुरू करें। स्वयं को अपने नाम से संबोधित करें और कहें:

'मैं हृदय से तुम्हारा आभारी हूं क्योंकि मैं जान गया हूं कि मैं जो कुछ भी करना चाहता हूं, तुम वह सब करने में सक्षम हो। मैं जान गया हूं कि तुम्हीं में मुझे अपना पूर्ण विश्वास रखना है।'

(यह काम नाटकीय ढंग से करें। अपनी भावनाओं को जगाएं। खुद को देख कर प्रसन्नतापूर्वक मुस्कुराएं, और बहुत प्रसन्न महसूस करें।)

'तुममें मेरा अपार विश्वास है क्योंकि तुम सब कुछ कर सकते हो। मैं जान गया हूं कि तुम वही हो जो कि सृष्टा है। मैंने देख लिया है कि तुम्हारे अंदर की सर्जनात्मक ऊर्जा क्या-क्या कर सकती है, और जो कुछ मैं उसे करने के लिए कहता हूं उसे वह करना चाहती है।'

(अपनी आंखों में गहराई से देखें और यह विश्वास करें कि जो कुछ आप कह रहे हैं वह सत्य है। ऐसा अभिनय करें जैसे कि आप को आनंद की, सफलता की या आपके मन में अपने लिए जो भी है उसकी बड़े पैमाने पर प्राप्ति की सरहद दिखाई देने लगी है।)

'तुम सफल हो, कामयाब हो। आज तुम वह हर उपलब्धि प्राप्त कर लोगे जो भी तुम करना चाहते हो, क्योंकि तुमने वह नई शक्ति खोज ली है जिसके लिए कुछ भी करना असंभव नहीं है।'

(स्वयं को एक हर्षपूर्ण भावना तक ले जाएं। अपनी आंखों में चमक आने दें और दर्पण में पड़ रहे उसके प्रतिबिंब को पूरी एकाग्रता से देखें। खुद के प्रति, और हर एक के प्रति, अपने प्रेम की गरमाहट को महसूस करें, और घोषित करें कि दूसरों से आप जिस तरह सहायता-सहयोग की अपेक्षा, इच्छा और प्राप्ति करते हैं, वैसी ही दूसरों की सहायता व सेवा करने को आप तत्पर रहेंगे।)

इस विचार के साथ दिनचर्या का आरंभ करें। दयालु बनें, परोपकारी बनें। लोगों को देख कर मुस्कुराएँ; और फिर देखें कि क्या होता है। आपको यह देख कर आश्चर्य होगा कि आपके व्यवहार, आपकी सोच के प्रति दूसरे लोग किस तरह स्पष्ट तौर पर अनुकूल व्यवहार करने लगते हैं।

आप चाहें तो स्वयं से संवाद करने के लिए ऊपर बताए गए शब्दों में अपनी महत्वाकांक्षा की आवश्यकतानुसार परिवर्तन ला सकते हैं। यदि आपको आवश्यक लगे तो जो आप कहना चाह रहे हैं उसे इस अभ्यास को आरंभ करने से पहले लिख कर तैयार कर सकते हैं। लेकिन, शब्दों का चुनाव करने में ध्यान रखें कि वे सुंदर, सौम्य, मनोहर और प्रभावी हों। निर्णय लेने वाले बनें और स्वयं से किए जाने वाले इस संवाद को सकारात्मक बनाएं। इस अभ्यास के बाद आपको लगेगा जैसे कि आप किसी ऐसे व्यक्ति से मिल कर आ रहे हैं जिसे आप घनिष्ठता से जानते हैं, और उससे मिल कर आप अति प्रसन्न हैं।

इसलिए...

यदि आप 'सम्पूर्ण' हैं, 'परिपूर्ण हैं', 'बलवान' हैं, 'शक्तिशाली' हैं, 'प्रेममय' हैं, 'समरस' हैं, 'संपन्न' हैं, 'युवा' हैं – तो इसका सीधा परिणाम यह होगा कि आप 'सुखमय' होंगे और स्वर्ग-सरीखे सुख की अवस्था में रहने लगेंगे।

समापन

विश्व-बीज-चेतना में अपने को बहुसंख्या में देखने का एक विचार उठा कि 'एकोहम् बहुस्याम' और इस प्रकार सृष्टि का निर्माण हुआ।

यह याद रखें कि आप एक विचार का परिणाम हैं। ध्यान वह कुंजी है जो कि उस परम चेतना का द्वार खोल देती है – जो कि विचार से परे है, तर्क से परे है – जिसे ब्रह्मांडीय परिमंडल कहा जाता है। इस अवस्था में, अवचेतन मन बहुत ग्रहणशील हो जाता है। गहन ध्यान की अवस्था में आप किसी भी ऐसे विचार को, धारणा को, किसी भी मांग को, आवश्यकता को और विचार के किसी भी संकल्प को अवचेतन मन में अंतरण कर सकते हैं जिससे आप उसे प्रभावित करना चाहते हैं – क्योंकि तब वह उन सभी विचारों का विश्वास कर लेता है जो आप उससे कहते हैं।

सृष्टि का तात्विक विधान* है पूर्णता। इसका रहस्य यह खोजना है कि मन को इस प्रकार कैसे प्रशिक्षित किया जाए कि वह अविरत रूप से समन्वय और सामंजस्य में रहते हुए ही

विचार करे, ताकि नकारात्मक या असंगत विचार आपकी ऊर्जा का अवक्षय न कर दें, उसे खाली न कर दें।

सीधे-सरल रूप में कहें तो हमारे जीवन को चलाने वाली दो सक्रिय शक्तियां होती हैं – सकारात्मक और नकारात्मक। ये ही हमारे प्रेम और घृणा, निर्माण और विध्वंस को रचने वाली धाराएं हैं। लेकिन, इन सब की बागडोर रहती विचार के ही हाथों में है। प्रेम की शक्ति के अंतर्गत विचार की लगाम को लगातार अपने हाथ में रखने के द्वारा, दरअसल आप ऐसे विशिष्ट तत्व रच रहे होते हैं जो कि तत्काल आपकी रक्त-वाहिनियों में प्रवेश करते जाते हैं। जब प्रसन्नतापूर्ण विचारों का वास आपमें निरंतर रहने लगे तब उसका परिणाम आप अपनी आंखों की चमक में देखिए, अपनी प्रज्ञा की कुशाग्रता में देखिए और अपने तन व मन के स्वास्थ्य की भरपूर बल-शक्ति में देखिए।

इस प्रकार, हमारा सारा जीवन हमारे विचारों का ही प्रतिबिंब होता है। देखना यह है कि हम सद्विचारों को कैसे अपने अंदर समाए रखें और नकारात्मक विचारों को कैसे बाहर निकाल दिया करें। नकारात्मक विचारों को उठने से तो हम नहीं रोक सकते, लेकिन सकारात्मक तथा सामंजस्यपूर्ण विचारों पर अपना ध्यान अधिक केंद्रित रखते हुए हम नकारात्मक विचारों की जगह सकारात्मक विचारों को भर तो सकते ही हैं। दृढ़-वचन का बोलना इसमें एक महत्वपूर्ण भूमिका अदा कर सकता है। उनका लगातार अभ्यास, अनुशासन और ध्यान करने की आवश्यकता है। अपने विचारों का अवलोकन करने की और अधिकाधिक सकारात्मक विचारों को धारण करने की क्षमता व

समापन

दक्षता के एक स्तर तक जब हम पहुंच जाते हैं तब हम धीरे-धीरे नकारात्मक संस्कारों से दूर होने लगते हैं। तब हम देखते हैं कि प्रकृति का एक विधान है जो कि हमारे विचारों को प्रतिबिंबित करता है, और यह भी कि सद्विचारों को धारण करने के द्वारा हमारे लिए अपने जीवन में सकारात्मक स्थितियों-परिस्थितियों को साकार करना संभव हो जाता है।

लेकिन, मन में सद्विचारों का केवल होना तब तक काफ़ी नहीं है जब तक कि उन्हें शब्द न दिए जाएं। शब्द विचारों के संवाहक होते हैं। जब हम कोई शब्द बोलते हैं तब जो कुछ हम कह रहे होते हैं उसके पीछे दिमाग में चल रही प्रक्रिया से हम अवगत रहते हैं। शब्द हमारे अंदर वह संवेदना पैदा कर देते हैं जो कि हमारी चेतना को उन शब्दों से हमारे तन, मन और प्रज्ञा पर पड़ रहे प्रभावों को देखने-समझने की क्षमता देती है। तब हमें बोध होता है कि जब हम शब्दों को बोलते हैं तब जो कुछ हम बोल रहे होते हैं उसके हम रचनाकार हो जाते हैं। वह रचना करने के बाद फिर हम उस शक्ति को स्वयं को साकार होने से रोक नहीं पाते हैं जो कि हमने ही रची होती है।

बाइबिल की पहली पुस्तक जेनेसिस का पहला वाक्य है: 'आरंभ में शब्द था और वह शब्द ईश्वर के साथ था, और वह शब्द ही ईश्वर था।' किसी विचार को उच्चारित करते समय इस बात को ध्यान में रखते हुए, हमें सजग-सचेत होकर उन शब्दों को और उनके कहे गए भाव को चुनना होगा जिनका हम प्रयोग कर रहे हैं ताकि उनमें वह शक्ति व सामर्थ्य हो जो कि उन्हें उस रूप में साकार कर सकें जैसा कि हम चाहते हैं।

अतः, यदि हम अपने विचार, एहसास, शब्द और कार्य – इनमें सामंजस्य स्थापित कर सकें तो बतौर इंसान हममें अपनी अंतरतम की इच्छाओं को साकार करने की योग्यता आ जाती है – यदी हम ब्रह्मांडीय बल से अपने आप को जोड़े रखें। इस संबंध के जुड़ जाने के बाद हमें वह सब, जो कि आकाश और काल (स्पेस एंड टाइम) की सीमाओं से परे है, उपलब्ध हो जाता है जिसकी हमें आवश्यकता होती है।

उदाहरण के लिए, मानव जीवन को ऊपर जड़ और नीचे शाखा वाले वृक्ष के रूप में दर्शाया जाता है, जिसे अश्वत्थ कहा जाता है, और जिसे सदाबहार, सदाहरित या अमर कहा जाता है। जिस प्रकार पेड़ की जड़ें नीचे पृथ्वी में गहरी जाती हैं और मिट्टी से पोषण खींचने के लिए फैल जाती हैं, ठीक वैसे ही मानव की मनःशक्ति की जड़ें ऊपर आदिम या सर्वव्यापक मनःशक्ति – यानी समस्त संभावनाओं के स्रोत – की ओर, ऊपर की ओर जाती हैं। उस आदिम या सर्वव्यापक मनःशक्ति से जुड़ना सदा-सर्वदा उपलब्ध रहता है।

मानव मन के लिए आवश्यक है कि वह अपनी जड़ों को, या कहें कि अपने एंटीना का संपर्क उस सर्वव्यापक मनःशक्ति से बनाए रखे। इसकी तत्परता और क्षमता को देखते हुए इस बात की कोई सीमा नहीं होती कि इससे कितना कुछ साकार हो सकता है क्योंकि उस सर्वव्यापक मनःशक्ति से पूरा सहयोग मिल रहा होता है।

ये '9 सकारात्मक सूत्र' केवल शब्द नहीं हैं जिन्हें कि एक धागे में पिरो दिया गया हो। वास्तव में, ये तो वे बीज हैं जो

कि आपके भीतर अंकुरित होंगे और मूल्यों का मनन-चिंतन और प्रकटीकरण ठीक उसी भावना के अनुपात में करेंगे जिसमें कि आपने दृढ़-वचनों का उच्चारण किया होगा।

उदाहरण के लिए, आइए 'मैं सम्पूर्ण हूं' – इन शब्दों का अर्थ समझें, महत्व समझें। 'मैं हूं' – ये शब्द विभिन्न धर्मों के ग्रंथों में वर्णित ईश्वर के सृष्टा रूप से संबद्ध हैं, जैसे 'अहं ब्रह्मास्मि', 'ब्रह्मैव अहमस्मि'। 'मैं हूं' – ये शब्द शाश्वत अस्तित्व के, जीवन के, परम सत्ता के द्योतक हैं अर्थात् भूत, वर्तमान तथा भविष्य के।

इस बोध के साथ यदि अब हम 'मैं सम्पूर्ण हूं' कहते हैं, तब उसमें सर्वस्व समाया रहता है, यानी उसमें न तो कुछ जोड़ा जा सकता है और न ही कुछ घटाया जा सकता है। जब आप 'सम्पूर्ण' शब्द का उच्चारण करेंगे तो देखेंगे कि इसमें एक परिपूर्ण, समूचा और अखंड-अविभक्त होने की निरंतरता का भाव रहता है, उसकी गूंज रहती है, उसका स्पंदन रहता है। यह एक पूर्णता तथा व्यापकता की अनुभूति के साथ आपकी हर सांस में बसा रहता है।

शांत होकर बैठें और अपने भीतर से आने वाले अपने उत्तर को सुनने का प्रयास करें। इन '9 सकारात्मक सूत्रों' में अंतर्निहित अर्थ पर चिंतन-मनन करें, फिर आप साधारण से लगने वाले लेकिन शक्ति से ओत-प्रोत होते इन दृढ़-वचनों से बल प्राप्त करने लगेंगे, और यही बल आपके जीवन के हर पक्ष को अपनी छत्र-छाया में ले कर उसकी रक्षा करेगा।

9 सकारात्मक सूत्र

---

* तत्व वह पदार्थ है जिससे कि यह सारी सृष्टि रची गई है, और यह वह शक्ति भी है जो इस सृष्टि को संभालती है। दूसरे शब्दों में कहें तो हर चीज़ का वास्तविक घटक, सार या गुणधर्म यही तत्व है।

उपनिषदों में तत्व को 'पंचभूत' के रूप में या शरीर जिन पंचतत्वों से बना है उस रूप में उल्लेख किया गया है। हर तत्व के अपने सकरात्मक और नकारात्मक पक्ष होते हैं। मानव यदि पूर्ण हो तो सृष्टि के लघु ब्रह्मांड – यानी पिंड (मानव शरीर) – और ब्रह्मांड में संतुलन रहेगा। हर विचार, हर कार्य तथा किसी इच्छापूर्ति के लिए किया जाने वाला हर प्रयास सामंजस्यता के तात्विक विधान पर प्रभाव डालता है। हर विचार तात्विक स्पंदन को जगाता है, उत्तेजित करता है, और उसके इस बल को एकाग्रचित्तता की प्रबलता से मापा जा सकता है। तात्विक विधान का बोध हो जाने का अर्थ है कि ईश्वर के 'प्रतिबिंब' में बने मनुष्य ने सृष्टिकर्ता की सर्वज्ञता, सर्वव्यापकता और सर्वशक्तिमत्ता की पहेली को सुलझा लिया है।

ये 'पंचभूत' हैं:

- आकाशः ईथर का तत्व। यह सुनने की इंद्रियों से संबंध रखता है।
- वायुः हवा का तत्व। यह स्पर्श की इंद्रियों से संबंध रखता है।
- तेजसः अग्नि का तत्व। यह देखने की इंद्रियों से संबंध रखता है।
- आपस्ः जल का तत्व। यह स्वाद की इंद्रियों से संबंध रखता है।
- पृथ्वीः धरती का तत्व। यह सूंघने की इंद्रियों से सबंध रखता है।

संदर्भ-ग्रंथ-सूची

'9 सकारात्मक सूत्र' स्वामी रामनाथन (गुरु ज्योतिर्मयानंद) की पुस्तक *ब्रह्म विद्या* तथा न्यायमूर्ति एम. एल. दुधत द्वारा उसके कोर्स पर दिए गए व्याख्यानों पर आधारित हैं।

ब्रीदिंग यॉर वे टू यूथ – एडविन जे. डिंगिल, किसिंजर पब्लिशिंग, 1998।

डे बाई डे विद भगवान – ए. देवराजा मुदलियार, श्री रमणाश्रमम्, तिरुवन्नामलै, भारत, 2011

द मास्टर की सिस्टम – चार्ल्स एफ़. हानेल, साइकोलॉजी पब्लिशिंग, सेंट लुईस एंड द मास्टर की इंस्टीट्यूट, न्यूयार्क, 1916

द पावर ऑफ़ यौर सबकॉन्श्यस माइंड – डा. जोसेफ़ मर्फ़ी, एम्बेसी बुक्स, 2010

द साइंस ऑफ़ गैटिंग रिच – वॉलेस डी. वैटिल्स, एक्सीक्यूटिव बुक्स, 2008

टाइमलैस विज़डम – एंड्रियस मोर्टिज़, Ener-Chi.com, 2013

यदि आप संतोष सचदेवा के बारे में अधिक जानकारी प्राप्त करना चाहते हैं तो www.santoshsachdeva.com पर संपर्क करें।

लेखिका का ईमेल संपर्कः
mails@santoshsachdeva.com पर संपर्क करें।

अधिक जानकारी के लिए संपर्कः
योगी इम्प्रेशनस् बुक्स प्रा. लि.
1711, सैंटर 1, वर्ल्ड ट्रेड सैंटर,
कफ़ परेड, मुंबई 400 005, भारत

हमारी बेबसाइट पर मेलिंग लिस्ट पर
अपनी सूचना भरें आर ईमेल के माध्यम से
हमारी पुस्तकों, लेखकों, आयोजनों
इत्यादि के बारे में सूचनाएं प्राप्त करें।
हमारी बेबसाइट हैः www.yogiimpressions.com

हमारे टेलीफ़ोन नं. हैं: (022) 61541500, 61541541
ईमेलः yogi@yogiimpressions.com

फ़ेसबुक पर हम से जुड़ें:
www.facebook.com/yogiimpressions

योगी इंम्प्रेशन्स द्वारा प्रकाशित

अंग्रेजी

मराठी

आठ आध्यात्मिक श्वसन क्रियाएँ

आपका जीवन परिवर्तन कर देने वाली श्वसन क्रियाएँ एवं समर्थन वाक्य

संतोष सचदेवा द्वारा लिखित

नालंदा विद्यापीठ के प्रसिद्ध योगी एवं योगशिक्षक पद्मसंभव ने तिब्बत में बसने के पश्चात् कुछ ऐसी श्वसन क्रियाएँ विकसित की जिनके द्वारा मनुष्यजाति अपनी सर्वोच्च क्षमता को हासिल कर सके। अंततः यह ज्ञान भारत आया और लेखिका ने यह पाठ्यक्रम एक आध्यात्मिक गुरु के मार्गदर्शन में मुंबई में सीखा। 'आठ आध्यात्मिक श्वसन क्रियाएँ' इस पुस्तक में लेखिका ने इन श्वसन क्रियाओं को एक आधुनिक स्वरूप प्रदान किया है और यह दर्शाया है कि इन श्वसन क्रियाओं के अभ्यास के द्वारा आध्यात्मिक मार्ग पर प्रगति करने इच्छुक साधक अपने जीवन के सभी पहलुओं पर किस प्रकार प्रभुत्व हासिल कर सकते हैं।

आठ आध्यात्मिक श्वसन क्रियाएँ आपकी सहायता करेंगी:

- आपकी स्मरणशक्ति को तेज बनाये रखने में
- आपकी सर्जनशीलता में वृद्धि
- प्रगाढ़ शांति की अनुभूति
- आपका स्वास्थ्य व शक्ति बढ़ाने में
- आपकी आकांक्षाओं की सहजपूर्ति में

 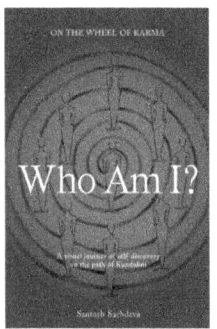 

इसके अलावा अंग्रेजी और मराठी में।

इसके अलावा मराठी में।

www.ingramcontent.com/pod-product-compliance
Lightning Source LLC
Chambersburg PA
CBHW032207040426
42449CB00005B/478
9789382742326